minutos de inteligência

TRANQUILIDADE

Esta é uma publicação Principis, selo exclusivo da Ciranda Cultural

Título: Minutos de inteligência: Tranquilidade

Texto: © *Augusto Cury*
Diretor Comercial e Editorial: Juliano Fontoura
Gerente de Projetos: Elizângela Guerreiro
Revisão: Mônica Glasser
Diagramação: Manoela Dourado
Capa: Renné Ramos

Dados Internacionais de Catalogação na Publicação (CIP) de acordo com ISBD

C982m
Cury, Augusto
Minutos de inteligência: Tranquilidade / Augusto Cury.
- Jandira, SP : Principis, 2024.
64 p. ; 15,50cm x 22,60cm. - (Minutos de inteligência)

ISBN: 978-65-5097-154-0

1. Autoajuda. 2. Brasil. 3. Reflexão. 4. Filhos.
5. Pensamentos. 6. Autodesenvolvimento. 7. Família.
I. Título. II. Série. III. Série.

CDD 158.1
2024-1822 CDU 159.92

Elaborado por Lucio Feitosa - CRB-8/8803

Índices para catálogo sistemático:
1. Autoajuda : 158.1
2. Autoajuda : 159.92

1ª edição em 2024
www.cirandacultural.com.br

DreamSellers Editora

DREAMSELLERS EDITORA
www.dreamsellers.com.br
editora@dreamsellers.com.br

AUGUSTO CURY

O PSIQUIATRA MAIS LIDO DO MUNDO

minutos de inteligência

TRANQUILIDADE

Principis

Ser feliz não é um dom genético nem privilégio de uma casta social. Ser feliz é contemplar o belo, é fazer diariamente das pequenas coisas um espetáculo aos seus olhos.

Contemplar o belo é:

Educar a emoção para fazer das pequenas coisas um espetáculo aos olhos.

Fazer de cada momento uma vivência mágica.

Educar a sensibilidade para entender que as gotas de chuva irrigam as flores e as gotas de lágrimas irrigam a existência.

Enxergar o que as imagens não revelam e perceber o que os sons não traduzem.

Ver com os olhos do coração.

Aprender a ser rico sem ter grandes soma de dinheiro.
Ser alegre mesmo sem grandes motivos.

Viver suavemente, ainda que sobrecarregado com responsabilidades.

Ter um romance com a vida.

Abraçar as crianças, admirar as pessoas da terceira idade, ter agradáveis conversas com os amigos.

Navegar pelas águas da emoção.

O que é ser feliz? Ser feliz não é ter uma vida isenta de perdas e frustrações. É ser alegre, mesmo se vier a chorar. É viver intensamente mesmo no leito de um hospital. É nunca deixar de sonhar, mesmo se tiver pesadelos. É dialogar consigo mesmo, ainda que a solidão o cerque.

Ser feliz é sentir o sabor da água, a brisa no rosto, o cheiro de terra molhada. É extrair das pequenas coisas grandes emoções. É encontrar todos os dias motivos para sorrir, mesmo se não existirem grandes fatos.

É rir de suas próprias tolices. É não desistir de quem se ama, mesmo se houver decepções. É ter amigos para repartir as lágrimas e dividir as alegrias. É ser um amigo do dia e um amante do sono. É agradecer a Deus pelo espetáculo da vida.

Dos miseráveis aos abastados, todos procuram a felicidade como o ofegante procura o ar, como um sedento procura a água. Até um suicida tem sede de ser feliz, no fundo não quer se matar, mas matar a sua dor.

Quem conquista uma vida feliz? Será que são as pessoas mais ricas do mundo, os políticos mais poderosos e os intelectuais mais brilhantes?

Não! São os que alcançam qualidade de vida no palco de sua alma.

Os que se libertam do cárcere do medo. Os que superam a ansiedade, vencem o mau humor, transcendem seus traumas. São os que aprendem a velejar nas águas da emoção. Você sabe velejar nessas águas ou vive afundando?

O dinheiro não traz em si felicidade, mas nada é tão capaz de tirá-la. Nas sociedades capitalistas, a falta de dinheiro ou seu uso inadequado transformam a psique num anfiteatro de ansiedade.

Incentivar os jovens a ganhar dinheiro, ter espaço social e ser reconhecido profissionalmente é importante, pois uma pessoa frustrada social e profissionalmente quase sempre é mal-humorada, pessimista e destituída de ânimo. Trabalha pelo salário no final do mês e não por prazer.

Ter um bom carro, uma casa confortável, um seguro de vida, um bom salário são ambições legítimas.

Um educador experiente incentiva a ambição exterior, mas um educador deslumbrante vai além, incentiva a ambição interior. Muitos pais nunca prestaram atenção na necessidade vital de estimular seus filhos a ter ambição interior. A maioria os coloca na escola atribuindo a ela uma responsabilidade que é deles.

Milhões de pais estão criando seus filhos e não os educando. Estão preparando-os para consumir produtos e não ideias para libertar a criatividade, a ousadia, para trabalhar perdas e frustrações. Os pais não são culpados, apenas ensinam o que aprenderam. Mas é tempo de recomeçar. Precisamos observar a educação de Jesus e repensar nossa direção.

Ninguém foi mais ambicioso que Jesus no sentido mais positivo do termo. Tinha a ambição de contribuir com cada ser humano e fazê-lo feliz, inteligente, livre e saudável.

Os milionários quiseram comprar a felicidade com seu dinheiro, os políticos quiseram conquistá-la com seu poder, as celebridades quiseram seduzi-la com sua fama, mas ela não se deixou achar, balbuciando no ouvido de todos: "Eu me escondo nas coisas simples e anônimas".

A felicidade bateu à porta de todos. Deu sinal de vida na história dos abatidos e dos animados, dos depressivos e dos sorridentes, dos que representam e dos que vivem sem maquiagem. Sussurrando ao ouvido do coração, ela disse baixinho: "Hei! Não estou no mundo em que você está, mas no mundo que você é!". Confusos, gritamos: "O quê? Fale mais alto!". Como a voz de uma suave brisa, ela delicadamente balbuciou: "Não me procure no imenso espaço nem nos recantos da terra. Viaje para dentro de você. Eu me escondo nas vielas da sua emoção, no cerne do seu espírito".

Ninguém terá prazer no estrelato se desprezar a beleza das coisas simples no anonimato, pois nelas se escondem os segredos da felicidade.

É necessário usar as lágrimas para irrigar a tolerância.
Usar as perdas para refinar a paciência.
Usar as falhas para esculpir a serenidade.
Usar a dor para lapidar o prazer.
Usar os obstáculos para abrir as janelas da inteligência.
Os sonhos transformam a vida numa grande aventura.

Lembre-se de que a melhor maneira de investir em nossa saúde emocional e felicidade é irrigar a qualidade de vida dos outros.

Desenvolver uma mente livre e uma emoção saudável não é algo comum, mas é fundamental.

Ter uma mente socioemocionalmente livre e criativa é extrair lucidez em nossas falhas, ganhos nas perdas, saúde na capacidade de perdoar, autodomínio nos solos da ansiedade, segurança nos vales do medo, alegria na terra das mais cálidas angústias.

É ter segurança para receber uma crítica, ainda que injusta.

É recomeçar quantas vezes forem necessárias.

Acima de tudo, é ter a convicção de que, apesar dos nossos defeitos, traumas e fragilidades, a vida é um espetáculo único e imperdível no teatro da existência. Vale a pena encená-la, pois ninguém é digno da saúde psíquica se não usar suas crises e seus conflitos para nutri-la; ninguém é digno da maturidade se não usar suas lágrimas para irrigá-la.

Você já reparou como temos a tendência de buscar culpados para nossas angústias, perdas e frustrações? E você, culpa os outros pela sua infelicidade, sofrimento ou insucessos?

Desde os primórdios da civilização humana somos mestres em culpar os nossos parceiros, cônjuges, pais, chefes, mestres, a sociedade, o ambiente social, por nossas dores e fracassos. Há milhões de pessoas que culpam Deus pelas mágoas que tiveram, pelos sofrimentos que experimentaram, pelas loucuras que vivenciaram!

Culpar os outros é a melhor forma de se imobilizar, de se tornar vitimista, conformista, autodestrutivo. Seu Eu pode e deve se reinventar.

Quem se reinventa reclama pouco e age muito, atribui menos carga aos outros e assume mais responsabilidade para si. Quem se reinventa usa muito menos as mãos para punir e muito mais o coração para perdoar e se superar.

Seja mais inteligente. Reinvente-se!

Quem não se ama saudavelmente nunca será amado o suficiente, pois nada resolve o rombo de uma emoção doente. Por favor, namore a sua vida.

Algumas pessoas são consumistas, têm compulsão por comprar. Não quer dizer que se amam, ao contrário, são obsessivas, ansiosas e insatisfeitas.

Com exceção desses casos, porém, a maioria dos seres humanos não sabe se presentear. Se você não for capaz de desfrutar de seu êxito, de se presentear de forma responsável e contínua, você será o ser humano mais injusto consigo.

Você poderá ser ótimo para outros, mas será um vampiro de sua felicidade e tranquilidade. Poderá ser uma das pessoas mais ricas de um cemitério, acumulará dinheiro e bens, mas quem desfrutará de seu sucesso serão seus filhos, genros e agregados.

A verdadeira felicidade nasce no solo da generosidade, pois o individualismo, o egocentrismo e o egoísmo depõem contra a saúde psíquica.

Quem é individualista não é amável nem consigo mesmo. Quem é egocêntrico é seu pior algoz. Não relaxa nem curte a vida. Perturba a si e aos outros.

Todos os que superam o caos, o preconceito, as rejeições e as críticas sociais andam fora da curva. São controlados por uma motivação quase inexplicável. São abarcados por um estresse produtivo, e não por um estresse paralisante, que fomenta sintomas incapacitantes.

Mas lembre-se: sonhos sem disciplina produzem pessoas frustradas; o destino não é inevitável, mas uma questão de escolha; a dor não nos destrói, ela serve de nutriente para nos construir; as lágrimas não são vazias, elas irrigam a capacidade de nos reinventar. Muitas pessoas que atravessam conflitos psíquicos não os resolvem, não porque a sociedade as abandona, mas porque elas próprias se abandonam; não porque não têm potencial para reciclar seus traumas, mas porque não foram educadas para escrever os mais nobres textos nos dias mais tristes de sua existência.

Quem não aprender a namorar sua própria vida, a relaxar, se cobrar menos, sonhar, ser eternamente jovem e fazer da vida um show, não terá um namoro ou um casamento espetacular. Poderá transformá-lo num deserto, ainda que nos primeiros meses viva num oásis.

Uma pessoa mal resolvida não resolverá sua infelicidade relacionando-se com outra pessoa. Tem de se resolver para ser completa e completar quem ama. Depositar a esperança de ser feliz exclusivamente no outro é acreditar num delírio.

Há milhões de pessoas que dizem: "No dia em que encontrar alguém que me ame eu serei feliz". Ledo engano.

Claro, os parceiros devem se ajudar mutuamente, encorajar um ao outro, dar apoio, suporte, um ombro para chorar, mas não devem ser psiquiatras ou psicólogos 24 horas por dia.

Quem tem problemas emocionais deve ser humilde, honesto consigo mesmo e procurar ajuda; deve aliviar quem ama, não sobrecarregá-lo.

Ninguém deve se relacionar com outra pessoa para ser feliz, mas para ser mais feliz.

Jamais desista das pessoas que você ama! Lute sempre pelos seus sonhos! Seja profundamente apaixonado pela vida!

Decifre os códigos da felicidade! Pois a felicidade sustentável não pertence aos que não se estressam, mas aos que transformam seus invernos em primaveras e aos que fazem da vida um espetáculo único e imperdível.

Você acorda, levanta, reclama e faz tudo igual.

Luta para ser aceito, notado e sair no jornal.

Corre atrás do vento como uma máquina imortal.

Morre sem curtir a vida e jura ser uma pessoa normal.

Olha para mim e me diz com ironia social.

Eis aí um maluco, um sujeito anormal.

Sim, mas não vivo como você em liberdade condicional.

Sou o que sou, uma mente livre, um louco genial.

A solidão do autoabandono é mais penetrante que a solidão social.

A solidão do autoabandono é fomentada quando damos uma chance para todos, mas somos incapazes de dar uma ou mais chances para nós mesmos.

Ela ocorre quando viramos as costas para nossa qualidade de vida, nossa felicidade, nossos sonhos, nossos projetos de vida. É a solidão decorrente de quando traímos nosso sono, nossos finais de semana, nossas férias e nos transformamos em máquinas de atividade e não em seres humanos. Não nos permitimos recomeçar. Somos implacáveis com uma pessoa vital no teatro social, uma pessoa que colocamos em lugar indigno na nossa agenda: nós mesmos.

Casais inteligentes lutam pela felicidade um do outro, constroem um diálogo inteligente para corrigir rotas e promover o ânimo.
Casais inteligentes devem ser parceiros no prazer, no bem-estar e nos sonhos um do outro.

Chantagens e pressões esmagam essa possibilidade, retiram a suavidade da relação, asfixiam a confiabilidade.

A sua relação é uma fonte de apoio ou um coliseu saturado de disputas?

Há situações entre os casais que exigem decisões delicadas.

Temos de falar com brandura e firmeza as palavras "não", "não posso", "não é possível", seja na compra de um carro, seja na atitude com os filhos, seja até para assumir compromissos sociais.

Uma coisa é ser honesto com generosidade, outra coisa é carregar nas palavras e ser autoritário, falar como um ditador, elevando o tom de voz, criticando e chantageando o parceiro. Todos nós detestamos viver sob um ditador, mas não poucos o são com o parceiro e os filhos.

Perdas, violência, humilhação pública, fracassos e rejeição sempre foram fontes de conflitos psíquicos, mas na atualidade o estresse financeiro tem sido um dos maiores motivos de distúrbio. Quem quiser ter saúde emocional nessa sociedade altamente consumista tem de cuidar da saúde do bolso.

Existem ambições legítimas. Ambição de ter conforto, tranquilidade e ser realizado são importantíssimas.

Há homens que, mesmo ganhando bem, têm compulsão para gastar. Contraem dívidas constantes e transformam a vida familiar em um oceano de insegurança. Se os erros são inaceitáveis, é preciso tomar uma atitude e, se necessário, procurar ajuda médica.

Dinheiro não garante a felicidade, mas falta de dinheiro garante a infelicidade. Um Eu sem ambições legítimas é um espectador na plateia e não um ator social.

Muitos têm todos os motivos para ser felizes, mas não o são.

Quando um ser humano falha em construir experiências intelectuais para se entreter, há um vazio remanescente inexplicável, um tédio que sempre o inquietará.

Nem sempre a infelicidade se deve a traumas do passado.

O problema está na deficiência intelectual na psique.

Muitas pessoas não desenham na mente um futuro agradável, personagens interessantes, ambientes tranquilos, sonhos inspiradores. Ao contrário, projetam pesadelos, um futuro sombrio, sofrem por antecipação, resgatam os aspectos negativos daqueles com quem convivem, tornam-se apóstolos do pessimismo. Por fora está tudo bem, por dentro fazem do cérebro um canteiro de estresse.

Ser carismático é um passo adiante em relação a ser simpático. A pessoa carismática está em um degrau mais alto na construção das relações saudáveis e felizes. Ela é uma poeta da ascensão dos outros.

A pessoa carismática investe diária e continuamente no parceiro, nos filhos, nos alunos, nos amigos, nos pais, nos colaboradores. Como? Distribuindo elogios e promoções. Ela promove as características nobres da personalidade do outro, realça o que há de melhor no outro, mesmo reações ainda incipientes e diminutas.

A pessoa carismática é uma propagadora da felicidade dos outros. Tem prazer no crescimento das pessoas com que convive.

Tem um caso de amor com a humanidade.

A pessoa carismática promove o potencial intelectual e emocional de quem ama.

Aprender a se doar é uma das mais ricas experiências humanas, é destilar o melhor dos vinhos emocionais, é refinar o mais excelente dos prazeres.

A felicidade dos outros, mesmo a de um estranho, cintila mais que o brilho do sol. Quem não bebe dessa fonte não sabe o que é ter sentido existencial.

Ninguém tem uma emoção estável, madura e feliz se só pensar em si.

A pessoa anticarismática, além de não promover os outros, chafurda na lama do ciúme. Tem grande dificuldade para aplaudir aqueles que sobem ao pódio. O sucesso alheio revela suas frustrações, promove seus fracassos.

A pessoa anticarismática pode dar presentes para o parceiro, mas, como não faz elogios, como sabota o sucesso e critica constantemente o comportamento do outro, é uma promotora de infelicidade.

Temos de superar a solidão social, dialogar, mas precisamos também superar a solidão intrapsíquica, aprender a ser autor da própria história, domesticar os fantasmas psíquicos, gerenciar a ansiedade.

A pior dor de cabeça de um ser humano é se relacionar mal consigo mesmo, sofrer por antecipação, cobrar-se excessivamente, não saber se perdoar, trair sua cama, seu descanso, seus finais de semana, suas férias.

Quem não se relaciona bem consigo não se relacionará bem com o parceiro. Quem cobra demasiadamente de si, cobrará o parceiro de forma injusta. Quem não dá risadas de vez em quando da própria estupidez e incoerência não será relaxado na relação com quem ama, será rígido, mentalmente engessado. Quem não tem um romance com sua saúde emocional não investirá na felicidade e qualidade de vida de quem escolheu para dividir sua história.

Devemos edificar relações inteligentes com os outros e também conosco.

Muitas pessoas são consumidoras responsáveis, compram produtos de qualidade, dentro do prazo de validade e que cabem no orçamento. Mas e quanto ao consumo emocional? Você é especialista em preservar seu cérebro ou em estressá-lo?

Não são poucas as pessoas que pecam gravemente no que diz respeito ao consumo emocional responsável. Muitas consomem produtos emocionais que contaminam seu prazer de viver, seu equilíbrio e sua felicidade inteligente. Compram o que não lhes pertence, como atritos, críticas, discussões, calúnias, frustrações.

Sua emoção é terra de ninguém. São especialistas em estressar o próprio cérebro, aumentando o gasto de energia emocional inútil.

Hoje, o normal é sofrer por antecipação, remoer frustrações e mágoas, ser ansiosa, irritadiça, impaciente, desprotegida emocionalmente.

O anormal é ser líder da própria psique.

A mulher hipersensível é a pessoa mais generosa, humana e bondosa da sociedade. Valoriza seu caráter, sua palavra e sua imagem social.
É ética e responsável. Costuma preocupar-se muito com o meio ambiente e o bem-estar social.

A mulher hipersensível tem uma emoção riquíssima, porém, desprotegida. Vive intensamente, doa-se muito, entrega-se com facilidade. Preocupa-se com todos a seu redor. Acredita que a vida é bela, breve e deve ser vivida com profundidade.

Muitas são incapazes de fazer mal aos outros. Reconhecem seus erros e pedem desculpas. Praticam filantropia, pois produzir felicidade é uma missão, uma fonte insondável de prazer para elas.

A mulher hipersensível vive a dor dos outros. Sofre intensamente por problemas que ainda não aconteceram.

É tolerante com os outros, mas, às vezes, algoz de si mesma.

Por ter baixo nível de proteção emocional, os estímulos estressantes a invadem com facilidade, o que a expõe a transtornos psíquicos como depressão, ansiedade e pânico.

Nosso maior algoz frequentemente é o nosso Eu ingênuo, imaturo, despreparado, que não sabe usar ferramentas para controlar o estresse e dar um choque de gestão nos pensamentos. Seus maiores inimigos não estão fora, mas dentro de você.

Você não quer pensar em algo preocupante, mas pensa. Você não quer sofrer pelo passado, mas o gatilho da memória dispara, encontra janelas *killer* (Corresponde a todas as áreas da memória com conteúdo emocional angustiante, fóbico, tenso, depressivo, compulsivo. São as janelas traumáticas ou zonas de conflito) e você remói mágoas ou problemas.

Somos assim, sofisticados e ao mesmo tempo autoflagelados, especialmente se não gerenciamos nossa mente. A produção de pensamentos pode se tornar uma grande vilã da qualidade de vida, da saúde psíquica e da felicidade. Podemos ser autodestrutivos e asfixiar nossa tranquilidade quando não atuamos como líderes de nós mesmos.

O ato de pensar nos torna *Homo sapiens*; o ato de pensar sem gestão nos torna *Homo sapiens* aterrorizados.

A dor não deve nos destruir, deve servir de nutriente para nos construirmos; as lágrimas devem irrigar nossa capacidade de nos reinventarmos.

Muitas pessoas que enfrentam conflitos psíquicos não os resolvem não porque a sociedade as abandone, mas porque elas mesmas se abandonam.

É preciso saber escrever os mais nobres textos nos dias mais tristes da própria existência. Sonhos sem disciplina produzem pessoas frustradas. O destino não é inevitável, mas uma questão de escolha.

Não há sonho mais belo do que usar nossa história e nossa profissão para aliviar a dor dos outros. A verdadeira felicidade nasce no solo da generosidade; o individualismo, o egocentrismo e o egoísmo depõem contra a saúde psíquica. Quem é individualista não é amável nem consigo mesmo. Quem é egocêntrico é seu pior algoz, não relaxa nem curte a vida. Perturba a si e aos outros.

É impossível alguém nos ferir emocionalmente, a menos que permitamos.

Se alguém a critica, ofende ou rejeita, você só será machucada mediante a sua permissão consciente ou involuntária. A conclusão das conclusões é: nosso maior carrasco somos nós próprios. Ninguém pode fazer tanto mal a você quanto você mesma. Abraçar-se, proteger a emoção, não gravitar na órbita dos outros são ferramentas de sobrevivência.

A emoção vivencia o pensamento virtual tal qual um espectador que se sensibiliza com as cenas de um filme, que é puramente virtual.

Quando o Eu permite ou se omite, tudo que é virtual pode se transformar em real. Uma barata vira um dinossauro, uma crítica falsa afeta a alegria por dias ou semanas, uma ofensa pode levar a uma guerra, um pensamento sobre o futuro é capaz de assombrar o indivíduo.

Quando o Eu se omite, a emoção passa a pilotar a aeronave mental, bancando a acusação injusta, dando crédito à atitude agressiva.

Conviver com pessoas é uma das tarefas mais complexas e saturadas de aventura da agenda humana.

Animais não nos frustram, mas pessoas caras podem nos decepcionar muitíssimo. Animais não nos ferem, a não ser fisicamente, mas pessoas que amamos podem nos ferir nas raízes de nossa emoção.

Animais não nos apequenam, não nos dominam nem nos excluem, mas as pessoas em quem apostamos tudo que temos, como nosso parceiro ou parceira, filhos, alunos, amigos, podem invadir nossa psique e fragmentar nosso sentido existencial, imprimir culpa, fazer chantagens, fazer com que nos sintamos inúteis.

Nós também, mesmo sem perceber, podemos traumatizar quem mais amamos.

Casais saudáveis posicionam-se como eternos aprendizes.

Muitos casais ferem um ao outro, mas não reciclam suas atitudes. Empurram o lixo que produzem para debaixo do tapete do tempo.

Deixam o tempo passar, sem saber que, se por um lado a dor momentânea será aliviada com o tempo, por outro será arquivada, entulhando a memória. Os traumas arquivados terão grande chance de ser vomitados no próximo embate.

Só tem coragem de reciclar seu lixo social e se reinventar quem se coloca como um ser humano em construção.

Casais superficiais se colocam como um romance acabado, que durará para sempre, na tristeza e na alegria, na fartura e na miséria.

São ingênuos. O pior é quando os dois parceiros são deuses, não reconhecem seus erros e jamais abrem mão das suas verdades e posições. Esses são especialistas em apontar o dedo para o outro.

A solidão intrapsíquica esmaga nosso crescimento, alegria e suavidade existencial. Promove a autopunição diante de nossas falhas, erros, tropeços e, portanto, nos impede de crescer, evoluir, nos refazer.

Ninguém viola nossos maiores direitos mais do que nós mesmos.

Construímos nossas maiores masmorras. Hibernamos em nossas solitárias emocionais.

E, ainda pior, em não poucos casos elas se tornam mais do que presídios temporários, mas cárceres que aprisionam uma história.

Por que pessoas impulsivas agem sem pensar? Por que pessoas ciumentas perdem o autocontrole? Por que há pessoas autopunitivas? Quantas vezes depois de passar por perdas ou frustrações você acha que deveria ter dito ou feito isso ou aquilo?

Porque o acesso às janelas da memória (regiões de leitura formadas ao longo da vida, onde ficam armazenadas todas as nossas experiências. Podem ser neutras, *light* ou *killer*) depende muito do estado emocional. Medo, pressão, crises, tensão deixam o Eu sem acesso às janelas que poderiam financiar o autocontrole, a autoconfiança, a autoestima.

Sabe aquele dia em que estamos superfelizes e não sabemos o motivo? Ou tão calmos e tolerantes que nada nos aborrece? Ou tão irritadiços que nem nós nos suportamos? Todo esse movimento emocional decorre da leitura das janelas da memória.

Pessoas depressivas às vezes sentem lampejos de alegria. Isso ocorre porque saem das janelas que financiam a desmotivação e o pessimismo e acessam janelas que financiam a alegria temporária.

Isso é um bom sinal, pois indica que a memória não é de todo desértica. Elas podem e devem alargar a área das memórias positivas.

As pessoas não mudam não porque queiram continuar doentes, erráticas, débeis, mas porque não têm instrumentos para mudar as matrizes de sua memória.

Se a pessoa é lenta, não se interioriza, é relapsa, irresponsável, não exagere, não a traumatize mais e muito menos venda sua paz por um preço vil.

Ainda que a pessoa com quem você convive seja difícil, complicada, arredia, teimosa e aparentemente incorrigível, você pode sobreviver com dignidade e até ter uma fonte de alegria, se não tentar mudá-la a ferro e fogo. Relaxando e tentando outras estratégias, como a arte do carisma e da empatia, você pode ajudá-la a quebrar o círculo vicioso que a faz repetir determinados comportamentos.

Eis a pergunta das perguntas, o mistério dos mistérios da ciência humana. A consciência tem natureza real ou virtual?

A consciência é virtual, jamais incorpora a realidade do objeto conscientizado. Se não fosse virtual, não produziríamos personagens nos sonhos, não anteciparíamos o futuro nem ruminaríamos o passado. Só temos essa borbulhante criatividade na esfera da virtualidade.

Os computadores nunca terão consciência existencial. Nunca sofrerão com a solidão ou o ciúme. Não terão alegrias nem angústias. Não sentirão o perfume das flores nem o cheiro azedo dos alimentos fermentados. Não gozarão a tranquilidade nem serão perturbados pela ansiedade. Todos os computadores interligados jamais provarão as chamas do amor ou as labaredas do ciúme.

A dor emocional pode ser, dependendo do tipo, insuportável, mas é um privilégio da psique humana.

Alguém a machucou e se tornou inesquecível para você? Tentar esquecer, distrair-se, rejeitar, negar e, o que é pior, odiar são técnicas ineficientes. O ódio destrói não o outro, mas seu hospedeiro.

A maior vingança contra quem nos machuca é ser feliz. Se um ofensor se torna inesquecível, transforma-se em uma doença para a pessoa ofendida.

Se um ex-parceiro a traiu ou abandonou, você deve dizer muitas vezes para si mesma: "Quem perdeu foi ele, não eu. Agora vou ser feliz, me soltar, investir em meus projetos de vida". Deve sair do casulo e procurar fontes de alegria e autorrealização. É difícil? É sim, eu sei. Mas é possível se não formos conformistas. Além disso, não há outra alternativa.

Jamais uma mulher deveria perder sua liberdade por causa de um homem. Sem liberdade, a mente humana não respira e a autoestima sucumbe.

Quem tem medo de perder o parceiro apequena seu mundo. As relações sociais e as amizades diminuem, os projetos se contraem, a alegria evapora. A dor da perda leva alguns ao suicídio ou ao homicídio, se não físico, pelo menos emocional.

Não aceitar a perda é a pior maneira de perder. Tratei vários pacientes que não suportaram perder quem amavam. Pressionaram, imploraram, fizeram mil ligações para o ex. Choraram, desesperaram-se, angustiaram-se, jogaram no lixo o sabor da vida.

Depois de pagar um alto preço psíquico, essas pessoas descobriram que estavam sendo injustas consigo mesmas. Tiveram de aprender a resgatar a autoimagem e a nunca mais destruir a própria liberdade por causa de outra pessoa.

O medo da perda esmaga a autoestima. Quem tem medo de perder o parceiro gira em torno do outro.

Ser simpático é ser relaxante.
A pessoa simpática exala generosidade e prazer em se doar.
Conviver com ela é um convite ao prazer, é mergulhar em águas tranquilas.

Antipáticos exalam egoísmo e individualismo. Conviver com eles é um convite ao descontentamento e à insegurança.
É pisar em ovos.

Nunca se sabe quando irromperão em uma tempestade emocional.

Antipáticos são poetas do pessimismo, criam um ambiente desagradável, veem o lado ruim de tudo. Conseguem enxergar tormentas no horizonte ensolarado. Serão lembrados pelo seu humor azedo.

A pessoa simpática é especialista em relaxar o parceiro, vê o lado bom de tudo, inclusive quando ela ou o parceiro(a) erra, tropeça e quebra a cara. Não leva a vida a ferro e fogo. A pessoa simpática será eternamente lembrada pelos íntimos por sua alegria e espontaneidade.

Quanto mais se treina a simpatia, mais se promove a liberdade, o debate de ideias, a solução de problemas, o prazer de viver e o sentido existencial. Mais se diminui o clima estressante no ambiente social e se reduz a competição predatória.

Casais que treinam a simpatia rompem o voto de silêncio sobre o essencial e deixam de ser partidos políticos, se digladiando e disputando para ver quem se sai melhor nos debates. Executivos simpáticos são mais produtivos e estimulam seus colaboradores a também sê-lo. Executivos antipáticos podem ser honestíssimos, mas travam a mente dos subalternos, corrompem o capital humano.

A pessoa que cumprimenta com alegria aqueles que encontra pelo caminho perfuma o ambiente com sua simpatia. Pequenos gestos fazem toda a diferença para nutrir a saúde emocional das relações sociais.

Cobrar muito dos outros os traumatiza e esperar muito deles é traumatizante.

Uma das chaves mais importantes nas relações sociais é doar-se, mas diminuir ao máximo a expectativa do retorno.

Doar-se sem esperar retorno não significa apenas não cobrar, mas também envolve não esperar reconhecimento, pelo menos intenso.

Não é uma tarefa intelectual simples. Depende da educação sistemática da emoção, pois estamos viciados em esperar um retorno excessivo do nosso círculo íntimo.

Ser um agiota da emoção dos outros é ser um carrasco deles; ter expectativas enormes em relação aos outros é ser algoz de si mesmo.

Ser feliz não é ter uma vida isenta de perdas e frustrações.

Ser feliz é não desistir de quem se ama, mesmo se houver decepções. É ter amigos para repartir as lágrimas e dividir as alegrias.

É ser um amigo do dia e um amante do sono.

Ser feliz é agradecer a Deus pelo espetáculo da vida.

Contemplar o belo é fazer das pequenas coisas um espetáculo aos olhos. Creio que menos de 10% das pessoas sabem contemplar o belo.

Contemplar o belo é dialogar com os amigos, elogiar as pessoas, amar os desafios da vida. É admirar as crianças, ouvir as histórias dos idosos. É descobrir as coisas lindas e ocultas que nos rodeiam.

É admirar as nuvens, o canto dos pássaros, o baile das folhas sob a orquestra do vento. É perceber além das imagens e das palavras.

Quem despreza essa lei tem uma alegria fugaz, uma emoção superficial.

Se sua história se transformou numa rotina repleta de tédio, se lhe falta prazer, sabor e encanto pela vida, é porque você não tem contemplado o belo. Desperte! Se não usar essa ferramenta, você poderá ter sucesso profissional, financeiro e social, mas mendigará o pão da alegria. Será infeliz.

Gestão da emoção é o alicerce para o bom desempenho profissional e pessoal, para a gestão de pessoas e da carreira, para a inteligência financeira e para a construção de relacionamentos.

Há muitas armadilhas em nossa mente. Por ser vítima dela, a grande maioria dos seres humanos levará seus conflitos para o túmulo.

A gestão da emoção é essencial para os profissionais das mais diversas áreas e também para a saúde psíquica das pessoas de todas as idades.

O pior prisioneiro não é o que está encarcerado em presídios de segurança máxima, mas o que está encarcerado em sua própria mente.

O pior escravo não é aquele algemado por fora, mas aquele que não é livre por dentro.

Pessoas que sofrem por antecipação ou ruminam perdas e mágoas precisam aprender com urgência a usar ferramentas para serem gestoras da própria mente. Caso contrário, aprisionadas pelo medo do futuro ou pelas decepções do passado, infectarão o presente, que é o único tempo em que é possível ter uma mente livre, uma emoção saudável e ser verdadeiramente feliz e relaxado.

Estamos vivendo o cárcere da solidão em meio à multidão das redes sociais.

Você pode frequentar as redes sociais, mas não deve abrir mão de entrar em camadas mais profundas da mente.

As redes sociais promoveram a socialização, a amizade. Entretanto, trouxeram um paradoxo: trocam-se mensagens rápidas e superficiais com muitas pessoas, mas raramente se conhece alguém em profundidade.

E, pior ainda, na era digital não se vive na superfície apenas das relações sociais, mas também da relação com o próprio ser.

Estamos na era dos mendigos emocionais, que moram em bons apartamentos e boas casas, mas mendigam o pão da alegria, da tranquilidade e da interiorização.

Gerenciar a emoção e filtrar estímulos estressantes é tão importante quanto a vacina contra a poliomielite. Sem controle do estresse, a humanidade se tornará um manicômio global.

Estamos na era dos mendigos emocionais. Crianças e jovens estressados moram em belos apartamentos e casas confortáveis, mas não têm conforto psíquico, precisam ansiosamente de celulares, roupas, tênis e outros produtos para aliviar sua insaciável insatisfação.

Adultos mentalmente estressados mendigam alegria e tranquilidade, necessitam de aplausos, reconhecimento, premiações e sucesso para mitigar ou diminuir o esgotamento cerebral e a ansiedade.

Estamos na era da indústria do lazer, capitaneada pela TV, pelo cinema, pelo esporte, pela música, pelos games e celulares, mas, paradoxalmente, nunca vimos gerações tão tristes.

Uma das mais sérias consequências do estresse mental é a necessidade de muitos estímulos para se obter migalhas de prazer.

A mulher inteligente não sepulta seus sonhos sob a carga de trabalho excessiva nem no solo da ansiedade.

A mulher inteligente sabe que, se não for generosa consigo mesma, aumentará as chances de ser infeliz e adoecer. Antes de investir nos sonhos de quem ama, ela investe nos próprios sonhos.

Há milhões de mulheres que se esquecem de escrever a própria história. Colocam-se em último lugar na própria agenda. São capazes de dar o que têm de melhor para os outros e o que têm de pior para si. Não cuidam sequer da própria qualidade de vida. Não desligam a mente nos fins de semana, não tiram férias e, quando tiram, não relaxam.

Se você não cuida de sua saúde, como cuidará dos seus sonhos?

Se lhe falta alegria na alma, como será possível inspirar alegria em quem ama?

Qual miséria é pior: a física ou a psíquica?

Se a miséria física não for dramática a ponto de comprometer as condições mínimas de sobrevivência, não há dúvida de que a miséria psíquica é muito pior do que a miséria física. Conheci diversas pessoas milionárias que diziam que prefeririam morar numa favela e ter paz. Alguns tinham uma mesa farta, mas perderam o prazer de comer. Por quê? Porque perderam o prazer de viver e, por perdê-lo, bloquearam o instinto de vida.

Se você é impaciente, ansioso e impulsivo, e tentou mil vezes mudar e falhou, talvez tente mais um milhão e falhe. Não tente mudar rapidamente e sem planejamento, treine se transformar lenta e continuamente.

Todo ser humano passa por turbulências na vida.
A alguns falta o pão na mesa; a outros, a alegria na alma.
Uns lutam para sobreviver. Outros são ricos e abastados,
mas mendigam o pão da tranquilidade e da felicidade.

Muitos vivem os desertos dos problemas exteriores ligados a desemprego, falta de atendimento médico, crises financeiras, rejeição social, doenças na família. Mas o Mestre da vida sabia que as dores geradas no mundo dos pensamentos e das emoções são os fenômenos mais democráticos da humanidade, e atingem todo ser humano.

Ele dizia que o mal era o que saía pela boca do homem e não o que entrava.

As piores dores humanas são geradas no cerne da sua alma.

Insistia: "Não andeis ansiosos pela vossa vida". Queria que seus discípulos gerenciassem seus pensamentos e não expandissem seus problemas por viver em função dos pensamentos antecipatórios. Treinava o homem para ser livre do cárcere da emoção e da ditadura das ideias negativas.

Muitos querem o perfume das flores,
mas poucos se atrevem a sujar as mãos para cultivá-las.

O Mestre do amor semeou as mais belas sementes no árido solo da alma e do espírito humanos. Cultivou-as com suas aflições e irrigou-as com seu amor. Foi o primeiro semeador que deu a vida por suas sementes. Por fim, elas germinaram e transformaram a emoção e a arte de pensar em um jardim com as mais belas flores.

A vida ficou mais alegre e mais suave depois que ele nos ensinou a viver.

Jesus foi famoso e seguido de maneira apaixonada, mas perseguido como o mais vil de todos. Soube ser alegre e soube sofrer. Fez da vida humana uma fonte de inspiração. Escreveu recitais com sua alegria e poemas com sua dor.

Teve o maior sonho e a maior meta de todos os tempos. Talvez fosse a única pessoa que conseguia erguer os olhos e ver os campos verdejando, quando só havia pedras e areia à sua frente. Ele nos ensinou que é preciso ter metas, nos encorajou a sonhar com essas metas.

Mostrou-nos que podemos romper as algemas do medo e as amarras de nossas dificuldades. Colocou colírio em nossos olhos e nos revelou que nenhum deserto é tão árido e tão longo que não possa ser transposto.

Se os pais nunca contaram para seus filhos os seus mais importantes sonhos e nunca ouviram deles as suas maiores alegrias e suas decepções mais marcantes, eles formarão um grupo de estranhos e não uma família

Como é possível que pais e filhos vivam debaixo do mesmo teto por anos a fio e permaneçam completamente ilhados? Eles dizem que se amam, mas gastam pouca energia para cultivar o amor. Quando uma torneira está vazando, os pais se preocupam em repará-la. Mas será que gastam tempo dialogando com os filhos para ajudá-los a reparar a alegria, a segurança ou a sensibilidade que está se dissipando?

Se pegássemos todo o dinheiro de uma empresa e o jogássemos no lixo, estaríamos cometendo um grave crime contra ela. Ela iria à falência. Será que não temos cometido esse crime contra a mais fascinante empresa social – a família –, cuja única moeda é o diálogo? Se destruirmos o diálogo, como se sustentará a relação pais e filhos? Ela irá à falência.

Devemos adquirir o hábito de nos reunir pelo menos semanalmente com nossos filhos para dialogar com eles. Devemos dar-lhes liberdade para que possam falar de si, das suas inquietações e das dificuldades de relacionamento com os irmãos e conosco, seus pais. Vocês não imaginam o que essas reuniões podem provocar.

Não há mágica para construir uma relação saudável.
O diálogo é insubstituível.

Todos nós temos uma criança alegre e vivaz dentro de nós, mas poucos a deixam respirar. Envelhecemos no único lugar onde deveríamos ser jovens.

Diariamente edificamos favelas ou plantamos jardins na grande cidade da memória. Envelhecemos emocionalmente quando plantamos menos flores e edificamos mais favelas na memória consciente e inconsciente.

Não seja um poluidor de sua emoção. Jamais deixe de ser jardineiro da inteligência. Aprenda a lavrar o árido e belo solo da existência.

Apesar da epidemia do envelhecimento precoce da emoção, gostaria de dar uma excelente notícia: a emoção pode ser rejuvenescida. É possível resgatar o prazer de viver, é possível treinar a emoção para ser jovem, desprendida, livre, feliz.

Treinamento para o rejuvenescimento da emoção:

- Contemple o belo nos pequenos eventos da vida.
- Irrigue o palco da mente com pensamentos agradáveis.
- Pense como um adulto e sinta como uma criança.
- Não faça o velório antes do tempo, não sofra por antecipação.
- Proteja sua emoção nos focos de tensão.
- Não seja carrasco de si mesmo.

Você precisa conquistar aquilo que o dinheiro não compra. Caso contrário, será um miserável, ainda que seja um milionário.

O dinheiro pode nos dar conforto e segurança, mas não compra uma vida feliz. O dinheiro compra a cama, mas não o descanso. Compra bajuladores, mas não amigos.

Compra presentes para uma mulher, mas não o seu amor.

Compra o bilhete da festa, mas não a alegria. Paga a mensalidade da escola, mas não produz a arte de pensar.

Há ricos que vivem miseravelmente e há miseráveis que fazem de cada amanhecer um novo dia. Tudo depende das ferramentas que aplicamos para sermos ou não autores da nossa história.

Devemos dar o melhor para nossos filhos, mas não podemos querer que se façam à nossa imagem e semelhança.

Nada é tão belo quanto ter filhos. Nada é mais gostoso do que um abraço, um beijo, a simples frase: "Eu te amo". Mas o tempo passa, passa a vida e os filhos criam asas e percorrem outros ares. Entediados, os pais experimentam a síndrome do ninho vazio. Deram-se, amaram e se preocuparam tanto com eles, mas eles se foram. É preciso ter resiliência para vê-los partir.

Às vezes eles não partiram, mas deixaram de ser uma fonte de alegria para os pais. Não formaram a personalidade como os pais sonharam.

Porém, é necessário deixar os filhos terem suas próprias experiências, frustrarem-se, quebrar a cara para adquirirem resiliência, caso contrário, viverão na sombra de seus pais, repetindo erros, fomentando sua fragilidade.

Devemos dar o melhor para nossos filhos, mas não podemos querer que se façam à nossa imagem e semelhança.
Devemos recolher a pena e o papel e entregá-los a eles para que eles mesmos escrevam a sua história.

Devemos dar o melhor para nossos filhos, mas não podemos querer que se façam à nossa imagem e semelhança.

Superproteger os filhos e compensá-los com bens materiais para aliviar seus conflitos promove o consumismo e destrói a resiliência.

Um pai pode ter pouquíssimo tempo para seus filhos, mas nunca deve tentar compensar sua falta de tempo com a abundância de presentes.

Muitos filhos só irão reconhecer a grandeza de seus pais quando os sofrimentos deles diminuírem o seu heroísmo, quando baterem asas de encontro às adversidades, quando decifrarem o código da resiliência.

Os anos que você já viveu não passaram muito rápido?

Vivemos a vida como se ela fosse interminável.

Mas, entre a meninice e a velhice, há um pequeno intervalo de tempo.

Olhe para sua história!

Para as pessoas superficiais, a rapidez da vida as estimula a viver destrutivamente, sem pensar nas consequências do próprio comportamento.

Nas vitórias, os sábios são amantes da alegria; nas derrotas, são amigos da reflexão. Você é sábio?

Para os sábios, a brevidade da vida os convida a valorizá-la como um diamante de inestimável valor.

Ser sábio não quer dizer ser perfeito, não falhar, não chorar nem ter momentos de fragilidade. Ser sábio é aprender a usar cada dor como uma oportunidade para aprender lições, cada erro como uma ocasião para corrigir rotas, cada fracasso como uma chance para recomeçar.

A emoção pode gerar a mais rica liberdade ou a mais drástica prisão, o cárcere da emoção.

Muitos vivem nesse cárcere. Embora deva ser administrada, é impossível dominar a emoção completamente. Se você deseja ser uma pessoa rigidamente equilibrada, desista, não conseguirá.

A emoção se transforma num processo contínuo. A alegria se alterna com a ansiedade, que se alterna com a tranquilidade, que se alterna com a apreensão.

Todavia, flutuações bruscas revelam problemas. Quem está tranquilo num momento e explosivo noutro não tem uma emoção saudável.

Uma mãe nunca desiste de um filho, por mais que ele a decepcione.

Um professor pode investir num aluno rebelde e relapso e sonhar que ele um dia vai brilhar. Por ser ilógica, a emoção traz ganhos enormes, mas também grandes problemas. Uma ofensa pode estragar a semana.

Uma crítica pode gerar noites de insônia. Uma perda pode destruir uma vida. Um fracasso pode gerar um grande trauma.

A emoção é mais difícil de ser governada do que os pensamentos. Ela é ilógica. E, por isso, tão bela.

Quem quer viver dias felizes e ter uma mente saudável deve aprender a gerenciar a emoção para ser calmo, tranquilo, cobrar menos, doar-se mais. Não é à toa que há muitos milionários que são miseráveis e muitos paupérrimos que são ricos em se encantar com a vida.

Muitas pessoas não admitem lixo no carro, no escritório ou no quarto, mas admitem acumular lixo no mais fascinante espaço – a própria mente. Lembre-se sempre: nossos piores inimigos não estão fora de nós.

Como não ser vítimas da ansiedade se somos relapsos no único lugar onde é inadmissível deixar de atuar? Qualquer um coloca tranca na porta de casa, mesmo nos países mais seguros. Mas sua personalidade é uma casa sem proteção. Uma emoção desprotegida tem um Eu flutuante.

Momentos alegres se alternam com momentos tristes, bom humor alterna-se com isolamento, segurança e ciúme fazem parte do mesmo cardápio. É vital desenvolver, nesta sociedade estressante, habilidades para gerenciar pensamentos; caso contrário, nossa emoção será um barco sem leme, um carro sem direção. É quase impossível não se acidentar. E não há possibilidade de não entrar nesse veículo, pois nós somos o veículo.

Já ajudei celebridades e pessoas multimilionárias preocupadas com a integridade física. Elas andavam em carros blindados e com seguranças, mas não haviam aprendido a proteger sua emoção. Não construíram seguro contra os estímulos estressantes causados pelos outros ou contra aqueles criados em sua própria mente. Não sabiam sequer reciclar seus pensamentos autopunitivos, sua autocobrança excessiva, suas preocupações asfixiantes.

Você é um especialista em apontar falhas ou em apontar os acertos de quem ama?

Casais inteligentes mapeiam e domesticam os vampiros emocionais que sugam sua alegria, espontaneidade e romance, enquanto casais desinteligentes escondem os fantasmas nos porões de sua mente. Você mapeia sua irritabilidade, medos, manias, sofrimento por antecipação ou trancafia os fantasmas psíquicos em sua mente?

Sem a solidão paradoxal da consciência virtual que nos aproxima do objeto conscientizado e, porém, ao mesmo tempo, nos coloca infinitamente distante dele, não teríamos uma ansiedade vital que nos motiva a construir várias relações sociais.

O *Homo sapiens* procura de todas as formas, com toda a sua energia, inclusive inconscientemente, fugir da maior de todas as solidões, a solidão paradoxal da consciência virtual. Sua consciência o coloca em contato com o universo, mas entre ele e o universo conscientizado há um antiespaço, um espaço intransponível, que o leva a querer abraçar o mundo. A consciência virtual gera um desejo inconsciente e irrefreável de se relacionar.

Alguém diria: "Parece tristíssimo saber que estamos sempre sós, por mais próximo que estejamos das pessoas". Contudo, no fundo, essa solidão da consciência existencial não é triste; ela é uma fonte de alegria. Sem ela, não teríamos fome e sede de amar, de encantar o outro.

Como referência para esta obra, foram usados os seguintes livros – todos escritos por Augusto Cury:

365 Dias de Inteligência

365 Dias da Mulher Emocionalmente Saudável